A

MONSIEUR POMMIER,

MAIRE DE BELLEVILLE.

Imprimerie de Ph. CORDIER, rue du Ponceau, 24.

A Monsieur le Maire de Belleville. (1)

Monsieur,

Dans un écrit que vous avez fait distribuer à vos administrés, dans les premiers jours d'octobre dernier, et relatif aux rapports du Bureau de Bienfaisance avec le Théâtre de Belleville, vous traitez, en terminant, sans motifs justifiés, deux questions qui me concernent trop évidemment, pour que je puisse me dispenser d'y répondre.

J'abandonne à votre conscience vos intentions, mais quelque pures qu'elles aient été, votre écrit n'en fourmille pas moins de propositions fausses et inexactes ; et bien que je ne les attribue qu'à l'erreur, à l'oubli, et à des omissions involontaires, je dois cependant d'autant plus les relever, que quelques uns font planer des soupçons sur mon honneur et sur ma probité. Ce fâcheux résultat est certainement sans malveillance, de votre part ; mais le fait n'en existe pas moins.

Si vous avez pu penser un seul instant que M. Cléry m'ait eu pour collaborateur, en quoi que ce soit, dans sa lettre au Bureau de Bienfaisance du 25 septembre, c'est là un oubli incompréhensible, car, comment mille circonstances ne vous ont-elles pas rappelé que M. Cléry n'avait pas plus besoin de secrétaire pour vous écrire ou vous répondre, que moi de prête-nom !

En tout cas, j'affirme ici, sur l'honneur, et uniquement dans l'intérêt de la vérité, que je suis de tout point, étranger aux deux lettres de M. Cléry, quant à la conception, l'exécution et la rédaction ; que la première m'a été lue manuscrite, comme à plusieurs autres personnes, la veille de l'impression, et que j'ai eu connaissance de la seconde par l'imprimé.

(1) J'avais résolu de laisser sans réponse cette dernière attaque dirigée contre moi, par M. le Maire, dans sa réplique à M. Cléry, au sujet du Bureau de Bienfaisance, mais tant de personnes m'ont demandé des explications sur les assertions injustement accusatrices que renferme cet écrit, que j'ai dû, quoique tardivement, éclairer le public attendu qu'il paraît, qu'avec, ou sans intention, *tous* ont été gravement induits en erreur à mon sujet.

Il ne m'appartient pas d'examiner pourquoi vous avez absolument voulu voir le président de la Fabrique dans M. Cléry l'Électeur, et pourquoi à propos de Théâtre, vous employez la moitié de votre écrit, à parler de l'Administration temporelle de l'Église, et des quêtes que je fais dans l'Église pour les pauvres ; cela ne me regarde pas. Mais comme le curé est généralement, plus que le Président, considéré, quoiqu'à tort, par le public, comme la personnification de la Fabrique, il est arrivé, contre votre intention certainement, que le public m'a attribué tous ces griefs que vous adressez à la Fabrique à propos du Théâtre dans la personne de son Président ; quoique ces griefs ne soient pas plus équitablement attribués à l'un qu'à l'autre.

Dès-lors, il m'appartient d'y répondre ; car ces griefs sont ainsi formulés, toujours sans malveillance de votre part ; qu'il est des gens qui s'étonnent, que je sois en état de liberté, et que je ne sois pas au contraire sous le coup d'une bonne condamnation de Cour d'Assises, ou au moins, de Police Correctionnelle.

Je sais que ce résultat imprévu vous afflige beaucoup, c'est pourquoi j'ai pensé vous être agréable en détruisant le mal que vous auriez pu me causer si involontairement.

Ainsi commençons :

Vous dites d'abord que *la Fabrique s'est endettée de* 30,000 f. *en reconnaissant des dettes illégalement contractées* (1). Premièrement, il y a erreur dans le chiffre, car c'est 34,000 fr. que la Fabrique a consenti à me rembourser *annuellement, sans intérêt*, uniquement avec *l'excédant* des recettes sur les dépenses ; et cependant si je ne réclame spontanément que 34,000 fr., j'en ai dépensé 52,000 depuis six ans pour le culte dans ma paroisse, et dont les mémoires acquittés, vous ont passé sous les yeux ; j'en abandonne donc *volontairement* 18,000 fr.

En second lieu, il y a erreur dans le mot *endettée*, car on n'est endetté que lorsqu'on a emprunté de l'argent ou commandé des travaux qui sont exécutés et non payés. Or, vous avez oublié qu'il n'y a rien de semblable pour la Fabrique, et je vais vous le rappeler.

En 1833, la vétusté, la malpropreté, disons le mot : l'indécence de l'ameublement et des parois de l'Église de Belleville était *proverbiale ;* la pénurie ou la vétusté des objets nécessaires au culte, pour n'être pas connue de tous les fidèles n'en était pas moins extrême. L'exiguité de l'Église se faisait sentir depuis long-temps. Le Conseil Municipal vota pour grosses réparations, tribune, portail, etc., *en trois votes,* 9,000 fr., la Fabrique 5,000 qu'elle *n'avait pas,* et dans ce cas, d'après la loi, l'urgence étant reconnue, la commune

____

(1) **Page 5.**

aurait dû suppléer la Fabrique, je les payai pour elle, j'ai encore, dans mes mains, le reçu du receveur municipal; je dûs faire pour le reste une quête dans la paroisse qui produisit 1,200 fr., j'ai ajouté 2,000 fr., pour en compléter 16,000 fr. environ que coutèrent ces travaux insuffisans; car *tout* avait besoin d'être *renouvelé* ou *restauré*. Vitraux, orgues, grilles, stalles, autels, dallages, parquets, voûtes, rétable du maître-autel, et de la Sainte-Vierge, linges, ornements, etc. Or pour tout cela comment s'adresser au Conseil Municipal qui s'y prit à trois fois pour donner 9,000 fr., et qui contrairement à la loi au lieu de les verser de sa caisse, laissa la Fabrique en voter 5,000 qu'elle n'avait pas, et qu'elle doit encore ?

En présence de tant de besoins et avec si peu de ressources (bien que le Conseil Municipal qui doit suppléer au défaut de la Fabrique ait fait depuis sept ans, 650.000 fr. au moins de recettes sur lesquelles 9,000 fr. seulement ont été, à grande peine, dépensés pour l'Église), j'ai eu confiance en la Providence qui m'a prouvé qu'elle agréait ma confiance en permettant que ceux qui devaient m'aider m'abandonnassent afin que je n'aie d'espoir qu'en elle seule. *J'ai tout exécuté*, les faits en déposent. Heureux encore si je n'eusse dû éprouver qu'abandon, sans avoir à résister aux contradictions.

Puis comme au milieu de ces dépenses faites sous ma seule responsabilité, les recettes de la Fabrique augmentaient annuellement; que de 3,000 fr. environ, elles arrivèrent à 9,000 fr. quand tout fut fait; j'ai dit au Conseil de Fabrique : vos recettes sont augmentées de 6,000 fr., j'en ai dépensé 52,000, je vous en demande 34,000 aux conditions favorables ci-dessus énumérées.

Jusqu'ici comme vous le voyez, la Fabrique n'est point encore endettée. Elle a consenti, dans cinq délibérations successives à ma proposition, il en est une même du, 2 avril 1837, qui résume ou suppose toutes les autres, que vous avez signé, elle m'a voté des remercîments, et enfin elle demande aujourd'hui à l'autorité supérieure la permission de *s'endetter*, attendu qu'il est juste qu'elle paye ce dont elle profite, et ce qu'elle aurait dû payer tôt ou tard à mesure que les ressources le lui auraient permis. Or, si elle demande la permission de contracter une dette, elle n'est donc pas endettée. En effet, elle n'a ni emprunté, ni fait exécuter de travaux. Combien de Fabriques et même de Communes voudraient s'améliorer à de pareilles conditions! La commune de Belleville, par exemple, pour son abattoir!

En vérité je ne vois ici aucun crime, aucun délit, je n'y vois qu'un mot un peu trop redondant, trop empathique dans votre écrit, et voilà tout ; mais il n'en a pas moins

produit un mauvais effet, que vous déplorez certainement,
et c'est pourquoi je cherche à le détruire.

Vous dites ensuite (1) que, « les comptes de la Fabrique
» étaient *si peu en ordre* qu'elle a mieux aimé retirer la de-
» mande d'argent qu'elle avait faite au Conseil Municipal
» que de produire ses comptes. »

Ici, il y a évidemment oubli de votre part : car, il s'agit,
ou des comptes des années précédentes ou des comptes de
l'exercice courant, or, vous auriez dû vous souvenir que,
successivement vous avez vous même approuvé les comptes
des divers trésoriers qui se sont succédés depuis six ans, et
notamment celui de 1837 qui précède immédiatement
l'année 1838 où fut faite la demande de fonds, pour agran-
dissement de l'Église paroissiale, sur un terrain que j'ai acheté
exprès pour qu'il n'échappe pas aux besoins de la Commune.
Dès-lors, comment pouvez-vous attaquer dans un écrit public
des comptes que vous avez approuvés dans un Conseil dont
vous faites partie ?

Ou vous attaquez les comptes de l'exercice courant 1838.
Or, ces comptes, c'est-à-dire la recette et la dépense depuis
le 1er janvier 1838, jusqu'au moment de la demande de
fonds ; la fabrique qui sait très-bien que dans l'espèce elle
devrait les fournir, n'a pas eu à les refuser : car la discus-
sion s'est immédiatement élevée entre elle et la Commission
du Conseil Municipal, non pas sur les *comptes*, faites-y bien
attention ; mais *sur le registre des délibérations* que la commission exigeait *indûment* qui lui fut livré, et que la Fabrique
refusait à *bon droit*, car la loi la plus récente sur la matière,
18 juillet 1837, article 21, dit : « Que les Conseils Munici-
paux sont appelés à *donner leur avis sur les budjets et comptes*
des Fabriques, lorsque, celles-ci reçoivent des secours sur
les fonds communaux. » Or, il est ici question de comptes et
du budjet que le Conseil de Fabrique n'a jamais pensé refuser,
et nullement des délibérations qu'on lui demandait *arbitraire-
ment* et qu'il a dû refuser ; attendu qu'un Conseil de Fabrique a sa dignité à conserver tout comme un autre.

Il ne s'agissait donc pas non plus des comptes de l'exercice
courant, que du reste vous avez aussi vous-même approuvés
comme tout le Conseil, quand M. le Trésorier les a soumis à
son approbation en avril 1839.

Ainsi, vous voyez, Monsieur le Maire, pour un mot mis
au lieu d'un autre, par erreur, toujours ou par oubli, quelle
différence dans le résultat !

De votre reproche, il ne reste donc plus qu'une imputa-
tion hasardée involontairement sans doute, et dirigée contre
le Conseil de Fabrique, dont les comptes ne craignent pas *le*

(2) Page 5.

plus sévère examen; et si le Conseil de Fabrique retira *provi-soirement* sa demande de fonds, ce fut parce que la Commission du Conseil Municipal, sur le refus du Conseil de Fabrique de lui livrer les délibérations qu'elles n'avait pas le droit d'exiger, a proposé l'ordre du jour, et non pas parce qu'il ait eu rien, à craindre de la régularité des comptes qu'il n'a jamais refusé.

Au reste, *je porte à quiconque le défi* de citer une ligne qui formule une demande ou un refus de *comptes* dans la circonstance dont il s'agit.

Venons maintenant au legs Lamy. Vous dites à ce sujet des choses bien étranges, Monsieur le Maire, des choses bien contraires à la vérité, des choses qui, si elles étaient vraies, rendraient leurs auteurs dignes du plus grand blâme, et passibles de la sévérité des lois; c'est assez dire, je crois, que, sans vous en douter, probablement, vous avez fait là une dénonciation publique, et en raison de l'absence de vérité dans les faits que vous cités, et d'après la manière dont vous les faites entendre, cette dénonciation se trouve être *une vraie calomnie* que la publicité rend extrêmement grave; mais n'ayez peur d'en répondre devant la justice, car cette calomnie se trouve rédigée, par hasard, avec assez d'adresse, pour être insaisissable à la justice; mais pas avec assez de vérité pour qu'il me soit impossible *de la dévoiler.*

Quand je dis insaisissable à la justice, j'entends pour ce qui me concerne ; il pourrait en être autrement par rapport au Conseil de Fabrique.

La calomnie repose sur cette proposition énoncée, il est vrai, en grandes phrases que le défaut de vérité laisse en définitif bien creuses (1) «vous dites *qu'au mépris d'une dernière* » *volonté que chez tous les peuples on se fait un devoir sacré de res-* » *pecter, cette somme de* 6,000 *fr. a été engloutie comme tant* » *d'autres capitaux,* etc. »

En effet de ces mots (employés comme vous le faites), *mépris d'une dernière volonté,* et *somme de* 6,000 *fr. engloutie*! ne s'ensuit-il pas :

1° Que les intentions de la testatrice n'ont pas été remplies? Que la fondation n'est pas acquittée régulièrement? Car telle est *la dernière volonté de la testatrice.* Mais, *vous même*, vous savez le contraire, Monsieur le Maire, mais le *légataire universel* de Madame Lamy, a reçu de moi l'indication des jours et heures de l'acquit de la fondation, copiée sur le tableau qui est affiché dans la sacristie depuis l'acception de la fondation, conformément à la loi, en un mot *le*

____

(1) Page 6, ligne 2.

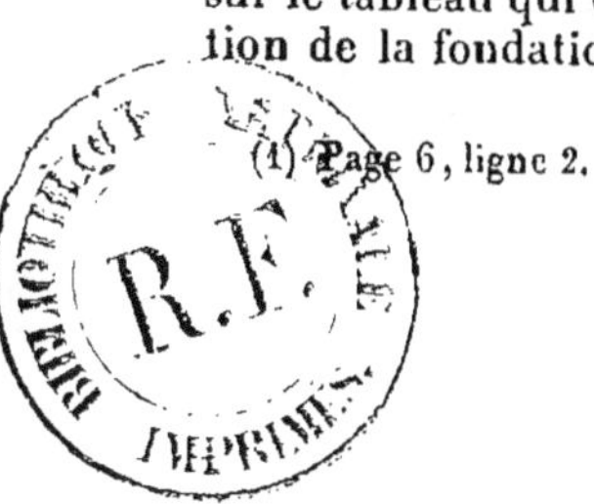

contraire de ce qu'indique votre expression *est notoire*, et qui plus est *vous savez* que *j'acquitte la fondation* et que *j'abandonne à la Fabrique les honoraires* auxquels j'aurais droit, bien loin ! qu'un centime de capital m'ait profité.

2° Du mot : somme de 6,000 fr. *engloutie*, ne s'en suit-il pas que le capital a été perdu, détourné, *volé*, disons le mot ! Mais *vous savez* bien encore lecontraire, M. le Maire, vous savez bien que le Conseil à *l'unanimité* a pensé pouvoir provisoirement placer sur particulier au lieu de placer sur l'État, voilà tout le délit; par erreur, il est vrai, fondée sur l'interprétation inexacte de la loi du 2 janvier 1817 qui révoque l'article 73 du décret du mois d'août 1811, lequel ordonnait le placement sur l'État.

Vous savez bien que l'ordonnance royale qui *autorise* et non qui prescrit l'emploi des fonds; n'est que du 26 janvier 1836 et que la délibération est du 3 janvier précédent.

Vous savez bien que par le placement sur particulier dont tout le délit très-réparable, sera réparé par un placement sur l'État, dès que l'autorité l'exigera, la Fabrique a payé une somme de 5,000 fr. votés par elle pour grosses réparations, et que l'excédant est *demeuré* et *est encore* dans la caisse de la Fabrique.

Vous savez bien encore qu'au lieu d'avoir à redouter des reproches à ce sujet comme le public a dû le croire et l'a pensé, d'après votre écrit, j'ai bien mérité, en me constituant *moi* garant de ladite somme de 5,000 fr. employée *provisoirement* à libérer la Fabrique pour qu'il y ait toujours un titre à présenter aux légataires de la dame Lamy, quoique cependant je n'aie pas touché un centime du capital, auquel je n'avais aucun droit, et que jusqu'ici je n'ai jamais touché un centime des honoraires qui m'appartenaient cependant *de plein droit !* et vous savez si bien toutes ces choses, Monsieur le Maire, que votre signature est la première apposée à la délibération du 3 janvier 1836 *qui les a réglées*, et vous la montrant encore tout récemment devant dix personnes, vous me répondîtes ingénuement : *je croyais que ce n'était que pour un an :* Mais il n'est pas permis de faire pour un an ce qui n'est jamais permis; et quand on reconnaît que l'on s'est trompé, on se contente, en prenant sa part de responsabilité, de réparer son erreur, sans déverser tout le blâme sur les autres, ce qui est, moins encore que peu généreux.

Maintenant que devient ce prétendu refus des comptes dont il ne fut jamais question, que vous motivez sur un prétendu *engloutissement d'énormes capitaux ?*

Libre à vous, M. le Maire; de regarder comme englouti, comme perdu tout ce qui est dépensé pour la décence du culte et l'honneur de la religion, mais tout le monde n'est pas obligé de juger, et, heureusèment, ne juge pas comme vous en cette matière.

Quant au produit du deuil que je partage avec la Fabrique; quoique, MM. les curés de la Banlieue soient traités de la même manière par leurs Fabriques, et que *j'ai trouvé le même usage établi à Belleville*. Je pourrai dire y avoir un droit tout particulier, au moins de convenance :

En effet, vous dites bien, que cette Fabrique *obérée*, (nous avons vu plus haut, combien comment ce mot est *vide de sens vrai*) m'en cède la moitié; mais vous ne dites pas, le sachant bien cependant, qu'en établissant *à mes frais* le deuil, au prix de plus de 5,000 fr. dont je ne réclame que 4,000 fr., j'ai mis la Fabrique à même de percevoir *sans augmentation de dépenses pour les paroissiens*, un revenu du produit du deuil trois fois plus considérable qu'auparavant, et que ces frais d'établissement, ne me seront remboursés que dans huit ou neuf ans.

Que d'oublis, Monsieur le Maire, que d'oublis!!

Vienne cependant une régularisation légale, qui fasse cesser un état de choses que l'autorité tolère aussi bien dans l'administration civile que dans l'administration religieuse par des motifs de bien général; car il est telle cure qui sans ce subside ne nourrirait pas leur curé, et telle, de 18 ou 20,000 âmes, comme Belleville, abondantes en pauvres, qui le rendent également nécessaire, ce qui sera encore mieux démontré plus bas; alors je serai le premier à m'exécuter de bonne grâce, s'il y a lieu, car pour moi obéir à la loi avec bonheur, et résister à l'arbitraire avec dignité c'est tout un.

Ajoutez que je pourrais vous dire : la loi du 23 prairial an 12, que vous citez, et qui attribue le produit du deuil aux Fabriques, ne leur en prescrit pas l'usage, et aucune loi ne dénie aux Fabriques le droit de constituer une indemnité de traitement aux curés, selon les besoins locaux.

Enfin, viennent les quêtes pour les pauvres, que j'ai toujours continué à faire dans l'Église, attendu que je ne partage pas l'étrange doctrine que vous m'avez fait entendre le 24 juin 1836, dans votre salon, en me disant : *Monsieur, les pauvres ne vous regardent pas !*

Vous citez donc à ce sujet dans votre écrit, le décret du 30 décembre 1809, qui attribue, *dites vous*, le droit de faire des quêtes pour les pauvres dans les Églises *aux seuls bureaux de Bienfaisance*. Vous dites plus bas: *le décret que j'ai cité est positif*. Eh ! pour Dieu, Monsieur le Maire, examinons-le donc ce décret.

Article 75, il dit : «*tout ce qui concerne les quêtes dans les Égli-* » *ses* sera réglé par l'évêque, sur le rapport des marguillers, » sans préjudice des quêtes pour les pauvres, lesquelles de—

» vront toujours avoir lieu dans les Églises toutes les fois que
» les Bureaux de Bienfaisance le jugeront convenable. »

Eh bien, y a t-il dans cet article un mot qui attribue ce droit *aux seuls* Bureau de Bienfaisance. Non certainement, ce droit leur est incontestablement accordé, je suis même surpris que vous n'en usiez pas, mais où est indiqué le droit : *exclusif?* En vérité je ne le vois nulle part : je me trompe, il se trouve bien dans l'article 75, *tel qu'il est cité*, dans la lettre de M. Montalivet, ministre de l'Intérieur, que j'ai reçue dans son temps, et dont j'eus l'honneur de vous accuser réception. Cette exclusion s'y trouve par ces trois mots : *pour les Fabriques.* Mais malheureusement ces mots ne sont que dans la citation ministérielle et *nullement* dans le décret! Comment cette superfétation a-t-elle pu avoir lieu, je n'en sais rien, mais toujours il est que la loi ne le disait pas, puisqu'il a fallu intercaller *trois mots* pour le lui faire dire !

Quant à M. le Sous-Préfet, je doute, ainsi que M. le Ministre de l'Intérieur, qu'il vous ait adressé des félicitations sur la publicité que vous avez pensé devoir donner à leurs lettres, pour moi, j'ai appris par celle du premier magistrat de l'arrondissement, que vous aviez poussé le zèle jusqu'à demander l'autorisation de me poursuivre ; je l'avais ignoré jusqu'ici. Cette autorisation vous a été *refusée*, je vous en félicite bien sincèrement. Ce refus est certainement plus dans votre intérêt que dans le mien. Si cela ne tient qu'à moi, je vous le permets, et si je suis condamné en versement que vous demandez je le ferai en remettant au Bureau de Bienfaisance, force mémoires acquittés de pain, de viande, de bois, de paille, de sabots, de toile, etc., etc. Observez qu'en apprenant au public que vous avez demandé l'autorisation de me poursuivre judiciairement en remboursement de fonds, vous donnez passablement à entendre que je suis un *voleur* ou un *dépositaire* infidèle ; en vérité malgré la pureté de vos intentions pouvais-je me taire devant une telle calomnie ?

Je sais bien que vous déplorez que les pauvres reçoivent de deux mains. Ici, Monsieur le Maire, vous êtes encore dans une grande erreur : ce n'est pas seulement de deux mains qu'ils reçoivent, c'est de huit, de dix, de douze, et quelquefois de seize ou de dix-huit mains qu'ils reçoivent, ces pauvres malheureux que renferment, au nombre de neuf ou dix, bien souvent ces sombres et humides réduits si nombreux dans la paroisse de Belleville ; eh! vous voudriez qu'une si grande misère *ne me regardât pas*, moi, ministre d'une religion qui a commencé par être la religion des pauvres! Mais alors il faudrait donc, que me rendant coupable du crime de lèze nature, je les repoussasse, ainsi que leurs frêles enfants en leur reprochant, comme un homme au cœur dur et dépourvu d'entrailles, leur affligeante, mais honorable fécondité ? et que je leur donnasse le hideux conseil d'abandonner à la bienfaisance publique les seuls objets de leur tendresse et leur seul bonheur ici-bas ? Mais, vous seriez le premier à signaler à l'animadversion de tous, une si odieuse conduite, et vous auriez raison !

Ensuite, croyez-vous donc connaître toutes les sortes de misères de notre si nombreuse commune ? non Monsieur le Maire, et cela *pour mille raisons*. Eh bien ! moi je connais les unes et les autres, et je me dois à toutes directement ou indirectement.

Eh ! qui ne sait en effet que dans chaque paroisse il se rencontre outre les pauvres qui le furent toujours ou qui subissent la pauvreté depuis longtemps, ceux qu'elle accable tout-à-coup ? ce qui hélas ! est trop *fréquent* ; croyez-moi. Monsieur le Maire, ces derniers pourront bien un jour s'adresser au Bureau de Bienfaisance, consentir enfin, pour avoir un peu de pain ou de viande chaque mois, que leur nom soit inscrit sur les registres de la misère et de l'indigence, mais ce ne sera qu'après avoir épuisé, pour leur part, les secours de la charité chrétienne dont le prêtre est le canal.

Qui oserait en effet, jeter le blâme, tout à la fois, et sur la charité qui au double titre de l'humanité et de la religion sait respecter le malheur, et sur le malheur qui se débat contre une bienfaisance qui met pour condition première à ses bienfaits, que l'infortuné déposera, avant tout, le seul vêtement qui lui reste, celui de sa propre dignité.

A Dieu ne plaise, toutefois que je veuille ici faire la critique d'une règle de la charité légale, qui pour avoir sa nécessité sans doute, n'en est pas moins cependant excessivement humiliante, ce qui explique très-bien, à tout cœur généreux, la répugnance souvent insurmontable de tant de pauvres honteux, victimes du caprice de la fortune, qui descendront au dernier degré de la misère, avant de se résigner à cette nécessaire, mais toujours terrible humiliation ; et qui viendront cependant auprès du pasteur chercher avec confiance le soulagement à leur infortune.

Telles sont, Monsieur le Maire, les observations que je n'ai pas dû cacher au public que vous avez pensé devoir initier dans des questions dont la connaissance n'a rien de bien nécessaire pour lui.

Il y a quelques quinze mois environ, vous me défiâtes, dans un journal, de rendre le public juge dans nos débats administratifs ; je dus, au rique de passer pour avoir peur, accueillir ce singulier défi avec le silence très-significatif qui fut toute ma réponse. Cela ne vous a pas suffi ; aujourd'hui vous me faites moralement violence, à l'occasion de vos débats avec un électeur se faisant le champion des pauvres dont les intérêts lui paraissent abandonnés ; vous me prenez en quelque sorte au collet pour m'attirer devant le public ; j'ai dû prouver que mon silence antérieure avait été dicté, non par la peur, mais par une prudence et une modération, qu'apparemment il ne vous a pas été donné de comprendre ni d'apprécier ; et je suis si assuré en présence de ce même public auquel vous avez donné le droit de nous juger, que je suis disposé à subir ou même à provoquer si besoin est, tous les degrés de juridiction de la hiérarchie judiciaire, pour soutenir la présente défense que je livre préalablement au bon sens et à la juste appréciation de nos coadministrés.

J'ai l'honneur d'être, Monsieur le Maire, votre

très-obéissant serviteur,

GH. LONGBOIS,

Curé de Belleville.